NOTICE

SUR

LES EAUX MINÉRALES

DE

LA CABANE,

COMMUNE DE LAGRANGE

(HAUTES-PYRÉNÉES).

Par M. Armand GAILLARD, de Monléon.

TARBES,

IMPRIMERIE DE F. LAVIGNE.

1845.

NOTICE

SUR LES EAUX MINÉRALES

DE

LA CABANE.

De tous côtés l'homme est en travail, désireux qu'il est de connaître. Savoir est le besoin le plus impérieux de sa vie active. Aussi voyons-nous partout se préparer et s'accomplir de nombreux et laborieux travaux, et c'est ainsi que, sous l'impression de ce mouvement général des intelligences, le progrès se réalisant d'une manière incessante, l'humanité marchera activement vers le but qui lui est assigné. Car tout, dans la loi universelle à laquelle obéit sans cesse l'homme, tend au progrès. C'est la vérité qu'il cherche; il sent qu'elle est son premier besoin, qu'elle est le centre de sa vie, qu'elle est sa plus belle conquête. Tous nous aspirons à la connaître, et quand une fois nous l'avons trouvée, elle nous enchante et quelquefois même nous transporte d'enthousiasme. Ainsi voyons-nous Archimède sortant de son bain et parcourant tout nu les rues de Syracuse en criant : Je l'ai trouvée.

Les éminents services que les eaux minérales rendent tous les jours à l'humanité souffrante les ont déjà, depuis long-temps, fait classer comme l'un des moyens le plus efficace que possède la thérapeutique pour combattre différentes affections.

Rien dans la médecine, a dit le célèbre Bordeu, ne pourra remplacer les eaux minérales. Pour mon compte, j'estime que toutes les officines de la terre seraient impuissantes à préparer une médication aussi efficace. Que de maladies longues et douloureuses et qui, après avoir été long-temps l'écueil de la médecine, vont trouver leur guérison aux eaux thermales. Est-il donc étonnant si le nombre des malades qui les fréquentent devient tous les jours plus considérable?

L'homme, dont la triste position ici-bas est de ne pouvoir vivre sans souffrir, apprit de bonne heure à faire usage des eaux minérales. Il faudrait remonter bien avant dans les temps pour assigner l'époque de cette précieuse découverte. Nous voyons le Chinois, le Mède, le Perse, l'Egyptien, l'Arabe, le Grec, le Romain faire usage des eaux et des bains. Mais peu nous importe quelle fut l'origine première, pourquoi et comment, et si ce fut le hasard ou le besoin qui amena, pour la première fois, l'homme à faire usage des eaux. Sans rechercher la cause ou la raison première d'une si grande découverte qui se perd dans la nuit des temps, appliquons-nous à bien connaître leurs principes, à tenir note de leurs bons effets. Pour cela, il y a un double travail à faire, c'est celui de l'analyse et de l'observation.

L'antiquité, toujours si amie du merveilleux, plaça devant ces fontaines d'absurdes divinités qu'elle adorait sous le nom de nymphes ou naïades. Mais la science, qui grandissait sous la main et le labeur de l'homme, vint enfin détrôner l'erreur, et l'analyse chimique vit disparaître devant elle toutes ces causes occultes, tous ces principes imaginaires. Non qu'il n'y ait encore des hypothèses, des problèmes à résoudre; la nature ne se décide que lentement et comme par force à laisser l'homme pénétrer dans les voies de ses mystères. On la dirait jalouse de ses admirables secrets, si bien faits pour frapper l'homme de reconnaissance et d'admiration envers son Auteur. Le grand Boerrhave disait qu'entre les phénomènes de la nature morte, l'un de ceux qui le frappait le plus d'étonnement, étaient ces eaux thermales dont les puissantes vertus nous étonnent tous les jours davantage. Quel médecin, en effet, peut se vanter d'avoir opéré de si merveilleuses cures?

Quelles grandes et immenses ressources, il y a dans ce laboratoire? Et quelle main habile en dirige les opérations avec un soin aussi constant qu'imperturbable? Le savant qui veut en expliquer la cause s'épuise en conjectures; il use son temps à arranger des hypothèses. Il y a là quelque chose qui est encore plus fort que son intelligence, que sa raison, que toute sa science, quelque chose qui lui en barre le passage et qui semble lui dire : Homme, commence par ouvrir ton cœur à l'admiration et reconnais la main de l'ouvrier à l'édifice.

La France est la contrée de l'Europe la plus riche en eaux minérales, et, sous ce rapport, la nature l'a traitée en favorite, et ce n'est pas là bien certainement l'une de ses moindres faveurs. Sydhenam, l'une des célébrités médicales dont s'honore l'Angleterre, a dit : « Si je pouvais » enlever quelque chose à la France, je commencerais par » ses sources thermales. » La France voit en effet, tous les ans, accourir vers ses belles vallées non-seulement le riche citadin de nos villes, mais encore l'étranger des divers pays. Nos sources reçoivent la visite des bergers et des princes, qui les uns et les autres sont traités avec une égale faveur. Elles distribuent libéralement leurs bienfaits sur toutes les classes, toutes les conditions, tous les sexes, tous les âges. On voit les habitants de toutes les contrées et de tous les pays accourir et se presser autour de la charmante et bienfaisante naïade. A combien de sollicitudes et de prières elle a à répondre ! Que de maux ! mais aussi que d'espérances accourent vers elle ! Et nous qui écrivons ces lignes, nous plus que tout autre peut-être, lui devons-nous l'hommage de la reconnaissance.

L'étude des eaux minérales est donc l'une des plus importantes dont l'art de guérir ait à s'occuper. C'est une riche mine à l'exploitation de laquelle chacun doit concourir de ses forces.

La chimie moderne compte de nombreux travaux ; elle continuera son œuvre avec l'heureux concours des sciences physiques.

Les études géologiques, si belles, si intéressantes du reste par elles-mêmes, et pour lesquelles l'esprit du siècle paraît avoir un goût bien décidé, sont probablement destinées à jeter un grand jour sur la question des eaux thermales. Et grâces aux immortelles découvertes de l'illustre Cuvier, de cet homme dont le nom se rattache à de si utiles et si importants travaux, à tant de belle· découvertes, la géologie viendra encore en aide à nos sciences morales.

Déjà les Bucklans et les Serres se sont livrés à des rapprochements aussi savants qu'utiles sur la cosmogonie de Moïse comparée aux faits géologiques.

LAGRANGE, 25 octobre 1844.

C'est le 25 octobre 1844, que je me rendis à Lagrange pour répondre à l'invitation qui m'avait été faite par les habitants de cette localité, désireux qu'ils étaient de voir les eaux de la Cabane, soumises à un examen chimique. Ces eaux connues depuis long-temps dans les pays par les bons effets qu'en avaient obtenu certaines personnes, ont plus particulièrement dans ces derniers temps fixé l'atten- tion des malades et des médecins. Des observations pré- cieuses qu'on a bien voulu nous communiquer ont été recueillies. Nous aurons soin de les transmettre et de les recommander à l'attention publique.

Lagrange est un petit village qui se trouve enclavé dans le canton de Lannemezan, arrondissement de Bagnè- res, département des Hautes-Pyrénées. Sa position topo- graphique, sous le rapport sanitaire, est heureuse; et sans offrir les agrements pittoresques des nos charmantes val- lées, Lagrange possède cependant de fort jolis sites, des positions susceptibles de recevoir de nombreux embellis- sements.

La source dite de la Cabane, éloignée du village d'une distance d'à peu près cinq cents mètres, se trouve fort rap- prochée de la route royale qui conduit de Lannemezan à Tarbes en passant par Tournay. La Cabane justifie en quelque sorte son titre, car ce n'est qu'une très-petite mai- sonnette renfermant seulement trois baignoires. On songe à des améliorations considérables pour répondre aux besoins des malades qui viennent faire usage de ses eaux.

L'observation et l'expérience ont toujours été les précur- seurs de la science, et on serait souvent étonné si on remon- tait à l'origine de nos plus belles découvertes, de nos plus brillantes théories. Celui qui, retrogradant dans les siécles, irait s'asseoir au berceau de nos sources les plus célèbres,

qui interrogerait les premiers pas de la science, pourrait
facilement se convaincre de leur modeste origine. Là,
comme ici, ce dûrent être quelques faits bien ou mal ob-
servés qui commencèrent à donner l'éveil, à mettre l'homme en travail. Le moyen donc d'étendre nos principes,
c'est d'observer et d'acquérir des faits, en attendant que
nous puissions mieux raisonner sur leurs causes ou leurs
théories. Malheureusement quels que soient les efforts de
l'homme pour l'agrandir, le cercle des connaissances po-
sitives est encore restreint. Et il n'y a pas long-temps
qu'un homme haut placé dans la science, le baron Ali-
bert, disait : « la science des eaux minérales est pour
ainsi dire à refaire. » Il est fâcheux, en effet, que, dans ce
genre d'investigations qui compte sans doute de nombreux succès, on ne puisse, comme le fait observer M. Anglada, obtenir que rarement ce parallélisme qui serait si
nécessaire entre une connaissance suffisamment appro-
fondie de la nature des eaux et l'appréciation suffisamment analytique de leurs effets et de leurs vertus.

Certaines personnes toujours prémunies contre la nou-
veauté, et dont le système le plus avancé en toutes choses
est de juger sans savoir, de nier sans connaître, ne vou-
dront peut-être voir dans les eaux de la Cabane, d'autres
propriétés que celles de servir aux besoins de la vie ordinaire. Nous osons leur dire qu'elles se trompent; et alors
même que l'examen des réactifs chimiques serait muet
pour nous, les faits seraient là, et les faits passent avant
les théories : ils sont antérieurs à la science. Mais ici les
faits et la science pourraient fort bien se trouver d'accord
pour nous dire que l'eau de la Cabane est plus qu'une
eau ordinaire, et qu'elle mérite de fixer l'attention des

médecins, celle aussi de l'administration chargée de sur-
veiller les intérêts et les besoins du département.

Sans vouloir ici inventorier tous les faits salutaires qu'on
rapporte de cette eau; sans vouloir non plus donner une
créance trop facile à certaines opinions, nous dirons pour-
tant qu'il est des maladies qui, après avoir résisté long-
temps aux hommes de l'art, sont venues trouver leur guérison à la Cabane.

Je laisse à chacun le droit d'apprécier les faits comme
il lui plaira. Seulement, quant aux personnes qui habitent
des lieux voisins de la Cabane, il est un tort dont je vou-
drais les mettre à l'abri.

Ce qui fait communément le grand mérite d'une source,
aux yeux de bien des gens, dit M. Anglada, c'est qu'elle
est bien éloignée du lieu que l'on habite. Madame de Sévi-
gné a exprimé cette même idée avec son esprit ordinaire,
au sujet de deux personnes qui vont prendre les eaux.
« L'une, dit-elle, va à Vals parce qu'elle est à Paris, l'au-
» tre à Forges, parce qu'elle est à Vals : tant il est vrai que,
» jusqu'à ces pauvres fontaines, nul n'est prophète dans
» son pays. »

EXAMEN DE LA SOURCE.

(25 octobre 1844.)

Après avoir pris différentes informations sur les lieux, l'origine
de la source, les variations qu'elle peut offrir relativement aux
diverses saisons de l'année, avoir examiné les différentes plantes qui
croissent sur ses bords, ses animaux qui vivent dans son intérieur,
la nature du sol à travers lequel sourd l'eau,

J'ai dû passer à un examen constatant ses propriétés physiques.

PROPRIÉTÉS PHYSIQUES.

Cette source fort abondante, et qui offre un dégagement gazeux presque continuel, coule à peu près avec la même force aux différentes époques de l'année et ne paraît être influencée par aucun phénomène météorologique : elle est connue depuis très-long-temps, non-seulement des habitants de Lagrange, mais encore de ceux des communes circonvoisines. Une propriété bien constante et bien reconnue de toutes les personnes qui ont bu de l'eau de la Cabane, c'est l'effet qu'elle exerce sur l'estomac en le disposant singulièrement à l'appétit; remarque qu'il m'a été facile de faire après tant d'autres, et que je me plais à signaler, parce que je la crois d'une haute importance. Je n'ai pas besoin de dire, sans doute, que cette partie de notre organisation, l'une des plus délicates et des plus harmonieuses, est aussi l'une de celles qui concourt le plus activement à notre bien-être.

J'ai retiré deux plantes de l'eau, le *vallisneria spiralis*, vallisnerie spirale de Linné, plante endogène de la famille des hydrocharidées; l'autre m'a paru être le potamogeton de Linné.

J'en ai également retiré deux mollusques, appartenant à la classe des gastéropodes, que j'ai reconnu être le *lymna péregra*, lymnée voyageuse de Lamak, l'autre la *physa acuta*, physe aiguë de Draparnaud.

1° Température 15°c : l'air a 7°c ;

2° Incolore ;

3° Insipide ;

4° Inodore ;

5° D'une limpidité parfaite.

J'ai observé l'eau avec un soin minutieux soit à l'œil nu, soit armé du microscope :

Les épreuves, 1, 2, 3, 4, prouvent qu'il n'existe dans cette eau aucun principe prédominant.

1° La teinture et le papier de tournesol n'ont éprouvé aucun changement qui pût annoncer la présence d'une acide ;

2° Le sirop de violettes n'a éprouvé qu'un changement très-peu sensible ;

3° Le papier de tournesol, rougi par un acide, a été ramené au bleu, ce qui confirme la présence d'une matière légèrement alcaline ;

4° La couleur de l'alcool gallique n'a pas été altérée.;

5° L'hydroferrocyanate de potasse n'a non plus rien indiqué ; d'où j'ai dû conclure l'absence du fer ;

6° La présence de l'ammoniaque n'a pas déterminé de précipité non plus que celle de la potasse;

7° Le phosphate neutre de soude avec addition d'un peu d'ammoniaque n'a rien donné, ce qui a dû me convaincre de l'absence de la magnesie ;

8° Le sous-acetate de plomb a fourni un précipité blanc fort abondant;

9° L'alcool de savon a été caillebotté ;

10° L'oxalate d'ammoniaque a donné un précipité fort abondant, indication d'un sel calcaire ;

11° Le nitrate d'argent y détermine une teinte louche qui devient violacée par l'action de la lumière, qui disparaît par l'action de l'ammoniaque, ce qui dénote la présence d'un hydrochlorate qui, probablement, en raison de la quantité de la chaux démontrée, est un hydrochlorate de chaux ;

12° Elle devient louche par le chlorure de barium et reste louche par l'addition de l'acide nitrique, ce qui démontre la présence d'un sulfate, qui, à cause de la quantité de chaux démontrée, doit-être un sulfate de chaux.

13° Elle éprouve un léger louche par l'addition de l'eau de chaux, qui disparaît par l'acide nitrique ;

14° Elle dégage quelques bulles gazeuses fines par l'addition d'un acide, ce qui indiquerait la présence d'un carbonate ;

15° Les hydrosulfates sont demeurés sans effet ;

16° Le chlore *idem ;*

17° Les épreuves que j'ai faites sur le gaz qui s'échappe de la source et vient crever à la surface de l'eau me portent à croire que ce gaz est de l'hydrogène proto-carboné, mêlé d'une certaine quantité d'acide carbonique et d'azote ;

18° En observant les planches et les pierres qui trempent dans l'eau de la source, j'ai dû m'apercevoir que leurs bords étaient recouverts d'un enduit visqueux de couleur grisâtre, onctueux au toucher; porté sur la langue, il a une saveur douce; traité par l'eau bouillante et l'alcool, il tapisse les parois du verre d'un enduit opaque;

19° 1000 grammes de l'eau de la source furent mis dans un vase à évaporation; l'opération soutenue jusqu'à réduction de moitié, ne changea rien à la transparence de l'eau : je n'eus non plus à tenir note d'aucun phénomène particulier.

Les épreuves, 7, 8, 9, 10, 11, 12, 13, 16, et 17, ont dû m'apprendre que l'eau de la Cabane contenait les principes suivants :

Carbonate de chaux,
Sulfate de chaux,
Hydrochlorate de chaux,
Matière organique,
Acide carbonique.

Le gaz qui s'échappe de la source est, autant que j'ai pu en juger par les expériences faites, de l'hydrogène proto-carboné mêlé d'acide carbonique et d'azote.

Savoir comment agissent les eaux sur l'économie animale serait une grande et importante question, l'une des plus utiles sans-doute, puisqu'il est vrai de dire que les eaux minérales sont l'une des plus puissantes ressources que possède la thérapeutique. Malheureusement, sur cette question comme sur tant d'autres, l'homme est encore condamné à l'ignorance, ou du moins à une grande incertitude. Malgré les nombreux efforts de la science, il devient toujours très-difficile, souvent même tout-à-fait impossible de s'expliquer les vertus de certaines eaux, par les analyses qui ont pu être faites. Qui croirait, en effet, aux vertus de certaines sources après avoir vu les principes que l'analyse y a signalés, si l'expérience n'était là pour dire à chacun de nous : « Tu viens de voir le travail de l'homme, regarde maintenant celui de la nature, et juge. »

Accuserons-nous l'impuissance de nos moyens, dirons-nous qu'il existe des principes inconnus, inappréciables pour nos sens et nos instruments? La chose n'est certes ni impossible, ni improbable.

Toutefois, au milieu des efforts constants de la science, faut-il reconnaître la puissance et les immenses services de la chimie, qui, seule, peut mettre le médecin à même de se rendre compte de ses bons effets, et lui indiquer le moyen d'en faire judicieusement et avec fruit l'application.

En donnant ici quelques observations recueillies par les hommes de l'art, nous dirons au public : quelque défiant, quelque sceptique que tu te montres sur les propriétés de l'eau de la Cabane, tu ne pourras l'être guère plus que ne le furent les auteurs des observations que tu vas lire. Eux aussi semblèrent reculer un moment devant les faits et défier l'expérience qui plus tard les força à croire; tu vas lire ce qu'ils ont observé et écrit ; mais ce que tu ne liras pas ce sont les nombreuses cures qu'ils n'ont pu ni voir, ni recueillir, et que la reconnaissance seule des malades proclame.

Si Dieu nous prête vie et force, et que les hommes accordent quelque protection en récompense de leurs bienfaits aux eaux de la Cabane, alors nous nous proposons un travail plus complet. Celui-ci, tout imparfait qu'il est, répondra peut-être au besoin du moment.

Puisse-t-il au moins justifier l'intention de son maître et le désir qu'il eût eu de mieux faire.

Les observations suivantes nous ont été fournies par MM. LAGLEIZE et RICAUD, Docteurs-Médecins à Lannemezan :

Un enfant âgé de douze ans, fils de Paul Galan, de Lannemezan, portait depuis six mois une douleur aux reins : l'usage de quelques frictions sèches fit disparaître la douleur ; mais elle vint bientôt s'emparer du genou gauche, où elle détermina un engorgement qui faisait croire à l'existence d'une tumeur blanche. Les moyens thérapeutiques mis en usage ne produisirent aucun bon effet; il fut transporté aux eaux de Lagrange : douze bains et quelques douches, suffirent pour résoudre l'engorgement et faire disparaître la douleur.

Dominiquette Marmoujet, de la commune de Lagrange, âgée d'environ soixante ans, avait fait usage des eaux de Bagnères-de-

Bigorre pour combattre une douleur sciatique qu'elle portait depuis sept à huit ans ; ces eaux n'ayant produit aucun bon effet, cette année, à son retour de Bagnères, elle se rendit à Lagrange, et douze ou quinze bains suffirent pour faire disparaître la douleur, qu'elle n'a plus ressentie.

P. F.., de la commune de Lutilhous, atteint de douleurs dans diverses articulations, se rendit à Lagrange, le 2 août : vingt bains suffirent pour faire entièrement disparaître ses douleurs qui étaient fort violentes.

Cohepé-Ducassou, de Clarens, atteint depuis douze ans d'une inflammation chronique du nerf sciatique, a vainement fait usage des eaux de Bagnères-de-Bigorre et de Luchon pendant plusieurs années; l'ammaigrissement du membre droit inférieur et une claudication prononcée a lieu : l'usage des eaux de Lagrange pendant douze jours a calmé la douleur et ramené la nutrition dans la partie malade.

Carrère Barbut, de Lagrange, ayant eu l'imprudence d'écorcher une vache morte d'une affection pestilentielle, fut, trois jours après, saisi d'un frisson général, de vertiges et d'une douleur violente au bras. Cette douleur s'étant centralisée à la partie supérieure du bras gauche, donna naissance à un antrax qui fut enlevé avec le bistouri et cautérisé deux mois après la guérison de cette affection ; une inflammation se développa à la jambe gauche, qui donna naissance à un ulcère qui résista à tous les agents thérapeutiques qui furent employés. Fatigué par la présence de cet ulcère qu'il portait depuis sept à huit mois, il voulut faire usage de la douche et des lotions de l'eau de Lagrange, et, dans peu de temps, il fut radicalement guéri.

La nommée Barthélemie M.., de la commune de Lagrange, avait vainement fait usage des eaux de Bagnères-de-Bigorre, de Cadeac, de Labarthe, pour combattre des dartres rongeantes qu'elle portait aux mains et au pied gauche ; l'usage des bains de Lagrange pendant le cours de l'été de cette année, a complètement fait disparaître son affection.

Jean Dubarry, de la commune de Lagrange, était atteint d'une maladie rhumatismale à la partie de l'articulation de la cuisse gauche, les eaux de Lagrange ont fait disparaître entièrement cette douleur.

. G. N., de Lannemezan, atteint depuis quelque temps d'une douleur à l'articulation coxo-femorale, se fit transporter aux eaux de Lagrange. Dix minutes après son immersion dans l'eau, la douleur passe au côté opposé et enfin envahit les épaules. Il rentre chez lui saisi d'un violent accès de fièvre inflammatoire, qui est suivi pendant deux jours d'une abondante transpiration, qui ramena le calme dans toute son économie : le quatrième jour, il sent encore les douleurs ; il revient au bain, les douleurs sont moins aiguës et la fièvre se reproduit avec moins d'intensité ; au troisième bain, il n'y a plus de fièvre ; et au cinquième il se trouve complètement dégagé de son affection.

Marie F., de la commune de Lutilhous, était depuis quelque temps fatiguée par des aigreurs d'estomac, qui se faisaient surtout ressentir après son repas ; elle fut boire à la source de la Cabane pendant 12 jours. Depuis elle ne s'est plus trouvée incommodée du tout.

Jeanne M., atteinte depuis près d'un an, d'une affection nerveuse qui s'emblait avoir plus particulièrement fixé son siége dans l'estomac, a trouvé sa guérison complète, ce mois d'août dernier, aux eaux de la Cabane.

M. Casteran, curé à Lutilhous, d'un tempérament sanguin, ressentait depuis quelque temps un serrement de poitrine et d'estomac, qu'il rapportait à un état nerveux de ces parties. Au mois de septembre dernier, M. le curé Casteran se décida à faire usage des eaux de la hont de l'Oule de Lagrange ; il les prit en boisson à la dose de trois à quatre verres tous les matins; il fit usage aussi de demi-bains. Au bout de quelques jours, M. l'abbé Casteran s'aperçut que son appétit, qui était nul jusque-là, devenait de plus en plus décidé et que cet état nerveux, qui l'inquiétait sensiblement, avait complètement disparu. Aujourd'hui 18 décembre, M. Casteran nous a confessé que sa santé continuait à être bonne.

TAILLADE, Dr-Mn.

Bernadette Mourmande, âgée de 60 ans, d'un tempérament sanguin, domestique chez M. l'abbé Duprat, se trouvait atteinte d'une affection hystérique qui la chagrinait depuis long-temps. D'après le conseil d'une de ses amies, cette demoiselle essaya les eaux de Lagrange; elle les prit en boisson seulement pendant tout le mois de septembre. Aujourd'hui, 18 décembre, la demoiselle Mourmande nous a certifié que son affection hystérique, qui se fixait tantôt à la poitrine, tantôt à l'estomac, était tout à fait guérie.

TAILLADE, Dr-Mn.

F. Pujol, âgé de 44 ans, était fatigué depuis près d'un an par une douleur assez vive à l'estomac : il était sans appétit et faisait fort mal la digestion du peu qu'il mangeait; il est venu cette année faire usage des eaux de Lagrange où il a trouvé une guérison complète.

F. B. de la commune de Lagrange, atteinte d'une affection hystérique qui la fatiguait depuis long-temps et qui semblait menacer ses jours, est venue, le mois d'août, faire usage des eaux de la Cabane; depuis cette époque elle n'a plus ressenti la moindre douleur.

www.ingramcontent.com/pod-product-compliance
Lightning Source LLC
Chambersburg PA
CBHW060718280326
41933CB00012B/2484